10,134

MÉMOIRE SOMMAIRE EN FORME DE REQUÊTE;

POUR les Habitans de la Ville de DORMANS en Champagne.

A NOSSEIGNEURS de Parlement, & Messieurs les Administrateurs du College de LOUIS LE GRAND.

ES contraventions fréquentes, tant à la Fondation du College de DORMANS-BEAUVAIS, actuellement transféré dans celui de LOUIS LE GRAND, qu'aux Arrêts & Ordonnances rendus par Nosseigneurs de Parlement; des innovations sans nombre contraires aux droits, privileges & intérêts des Habitans de la Ville de DORMANS, les forcent à rompre leur silence, & à démontrer ouvertement l'infidélité des Présentateurs aux Bourses & Bénéfices du College de

A

Dormans-Beauvais, & le préjudice énorme & bientôt irréparable qu'elle leur cause depuis un assez long tems.

Une simple exposition de la Fondation, des Arrêts de Nosseigneurs de Parlement rendus en conséquence, & des faits qui forment aujourd'hui le sujet des justes plaintes des Habitans de la Ville de Dormans, leur servira de moyens & sera plus que suffisant pour établir leur demande.

FONDATION

DU COLLEGE DE DORMANS-BEAUVAIS, & Arrêts & Ordonnances de Nosseigneurs de Parlement, Collateurs des Bourses & Bénéfices, & primitifs Directeurs & Administrateurs du College.

JEAN DE DORMANS, Pere du Cardinal Fondateur.

JEAN DE DORMANS, premier connu de ce nom pour Chef de l'illustre famille des Dormans, & Pere de Jean de Dormans, dont il va tout-à-l'heure être question, prit naissance dans la Ville de Dormans, dont la Seigneurie appartenoit alors à Jeanne, Reine de Navarre, Comtesse de Brie & Champagne, & Epouse de Philippe le Bel, Roi de France.

Les talens & le mérite de Jean de Dormans l'ayant attiré à Paris, il y exerça avec tant d'honneur la commission de Procureur au Parlement *a*, que la Reine de Navarre l'honora de sa confiance & le chargea du soin de ses affaires.

a Dans les Registres du Parlement de l'an 1347. JEAN DE DORMANS, Pere du Fondateur, y est qualifié Procurator in Parlamento.

Bientôt après, & pour récompenser Jean de Dormans de son zèle & de ses services, la Reine de Navarre se défit en sa faveur de la Seigneurie de Dormans, qu'elle démembra à cet effet d'autres Terres & Seigneuries voisines, comme Treslon, Comblisy & Verneuil par elle entr'autres choses apportées en dot à Philippe le Bel son Epoux.

De Jean de Dormans font iſſus quatre enfants mâles & deux filles, qu'il a fait élever avec un foin particulier & auxquels il s'eſt principalement attaché d'inſpirer l'amour de la Patrie.

Jean de Dormans, ſon Fils aîné, natif de la petite Ville de Dormans (ainſi que lui-même l'annonce dans la Fondation du College,) a d'abord commencé par faire la profeſſion d'Avocat au Parlement de Paris en 1348. enſuite a été élu Chancelier de Monſeigneur le Dauphin en 1357. fait Evêque de Beauvais en 1360. élevé à la Dignité de Chancelier de France en 1361. dès le commencement du regne de Charles V. ſurnommé le Sage, & enfin honoré du Cardinalat en 1368. ſous le Pontificat d'Urbain V.

JEAN DE DORMANS, Fondateur du College de Dormans-Beauvais.

Ce grand homme qui n'attendoit que le moment d'être utile à ſa Patrie qu'il aimoit tendrement, profita habilement des circonſtances heureuſes dans leſquelles il s'eſt trouvé, pour conſacrer ſes biens & ſes richeſſes à l'éducation des Enfants de la Ville de Dormans ſes Compatriotes.

En effet, dès le 8 Mai 1370. Jean de Dormans pouſſé d'un deſir violent *b*, (ce ſont les propres termes du Fondateur) de faire pendant ſa vie quelque action qui pût lui rendre Dieu propice & favorable, contribuer au Salut de ſon âme, & avoir pour but l'honneur, l'utilité & le profit des autres, crut devoir mettre au jour une Fondation qu'il avoit dit-il dans l'eſprit depuis longtems.

Iere. FONDATION.
b Nos JOANNES DE DORMANO, &c. *notum facimus, &c. quod nos cupientes, dum vivimus in humanis, Deo propitio, aliquid operari, quod cedere valeat ad animæ noſtræ ſalutem, aliorumque reſpiciat com-*

Par cette Chartre du 8 Mai 1370. Jean de Dormans *c* a dabord fondé dans la Ville & l'Univerſité de Paris un College connu ſous le nom de College de Dormans-Beauvais & compoſé dans ces premiers tems de douze Bourſiers ſeulement, & de trois Maîtres pour régir & gouverner les Bourſiers & les revenus du College.

modum, honorem, & profectum, ideò præſens opus, quod diù in propoſito geſſimus, imò ut infra ſequitur, realiter duximus effectui perducendum.
c Nos Cardinalis præfatus, conſideratione præmiſſorum, de bonis temporalibus no-

d Suivant le premier article de cette Chartre ou

Fondation, les Bourses fondées ne doivent être remplies & occupées que par des enfants natifs de la Ville & Paroisse de Dormans, avec cette modification néanmoins que si il ne se trouve pas dans Dormans un nombre suffisant de sujets, l'on doit en choisir dans les Villages & Paroisses les plus proches de la Ville de Dormans, sans aucune faveur ni acception de personnes; & enfin dans tout le Diocèse de Soissons, dans le cas où il n'y auroit pas assez de sujets dans lesdites Paroisses pour remplir les Bourses fondées.

En même tems que l'on admire les sages précautions du Fondateur, il n'est pas possible de se refuser à cette vérité constante que le College de Dormans-Beauvais & les Bourses n'ont été fondées que pour les Enfants natifs de la Ville & Paroisse de Dormans: les termes de la Fondation sont si précis à cet égard, qu'ils ne sont susceptibles d'aucun doute.

Le Fondateur qui prévoyoit, suivant toute apparence, les infractions que l'on pourroit faire après son décès à ses volontés, s'il ne donnoit pas lui-même les raisons de l'amour privilegié & exclusif qu'il portoit aux Habitants de Dormans, voulut s'expliquer à ce sujet de la maniere la plus claire & la plus formelle dans la préface ou le préliminaire de la Fondation.

En effet, après avoir annoncé qu'il croyoit devoir mettre au jour la Fondation qu'il avoit dans l'esprit depuis longtems *e*, il dit que quoique dans de pareilles circonstances il souhaitât par un motif de charité étendre les effets de sa bienveillance sur tout le monde, néanmoins à cause d'une certaine prérogative que doivent avoir ceux qui lui appartiennent de plus près, il est plus porté à faire ses largesses à la Ville & aux lieux circonvoisins de Dormans, d'où lui & ses ancêtres ont tiré leur origine, sçachant & étant persuadé que ses biens ne peuvent être mieux employés qu'à subvenir au besoin des Habitants de sa Patrie qui

bis à Summo Largitore collatis, ad laudem, gloriam & honorem beatæ semper Virginis Mariæ, Genitricis Domini Jesu-Christi Salvatoris nostri, ac beati Nicolai gloriosissimi Confessoris, totiusque Curiæ cœlestis, fecimus, ordinavimus, curavimus, fundavimus & dotavimus Collegium perpetuum duodecim Scholarium, cum uno Magistro, Summonitore & uno Procuratore, quæ personæ faciunt quindecim numerum.

d Primò enim fundamus, ordinamus, à modo perpetuis temporibus, dictos duodecim Scholares capiendos, eligendos, & assumendos de dicta Villa & Parochia de Dormano, si tot habiles ad hoc ibidem valeant reperiri, alioquin capiantur de propinquioribus villis & parochiis ejusdem Villæ de Dormano absque ullo favore & acceptione personarum, & si forsan tot de eisdem villis & parochiis nequirent reperiri, volumus quòd alii boni & habiles capiantur & assumantur ubicumque in Diœcesi seu Patriâ Suessionensi poterunt reperiri, ut semper idem duodenus Scholarium numerus sine defectu impleatur.

e Et licet in hujusmodi negotio, charitate suadente, libenter ad omnes extendere nostræ bonæ affectionis intuitum, quâdam tamen prærogativâ fami-

manque extraordinairement de perſonnes ſçavantes pour les inſtruire, & à faire montrer les premiers élemens de la grammaire aux jeunes gens encore neufs de cette même Ville & Patrie, qui pourront par la ſuite avec les ſecours de la grace de Dieu apporter des eſprits plus préparés à l'étude des autres arts libéraux & ſe rendre pour la plus grande gloire de Dieu, par la connoiſſance des premieres lettres & l'acquiſition des autres ſciences, utils à tous les hommes, à la Patrie & à eux-mêmes, de façon que les Dormaniſtes ſages & prévoyants puiſſent s'appercevoir de l'avantage qui réſultera d'une ſi grande largeſſe & penſer qu'il leur eſt bien glorieux de voir leurs enfants participer à un pareil bienfait.

Les termes & les expreſſions dont le Fondateur s'eſt ſervi, n'ont pas beſoin de commentaire pour être entendus: il ſuffit de les avoir ſous les yeux pour être convaincu que le College de Dormans-Beauvais & les Bourſes, ainſi que les Habitans de Dormans l'ont avancé plus haut, n'ont été fondées que pour les enfants natifs de la Ville de Dormans; auſſi ſans s'y arrêter d'avantage les Habitans de la Ville de Dormans vont-ils rendre compte de l'Article VI. de la Fondation en queſtion.

Par cet Article le Fondateur *f* laiſſe à l'Abbé de Saint Jean des Vignes de Soiſſons, la collation, proviſion & diſpoſition de toutes les Bourſes, la privation de ces mêmes Bourſes & l'expulſion des Bourſiers ſi leur mauvaiſe conduite le méritoit.

Delà vient le droit de nommer & préſenter aux Bourſes & Bénéfices du College de Dormans-Beauvais que les Abbés de Saint Jean des Vignes ont toujours conſervé très-ſoigneuſement : droit cependant qu'ils ne peuvent exercer qu'en ſuivant de point en point les Statuts du Fondateur, qui lui-même leur en a impoſé la condition en ces termes : *g* Cet Abbé, dit-il, tel que le tems le donnera, pourra donc, ſelon la teneur de cette Fondation, diſpoſer

liuiritatis ſpecialioris induamur, quòd ergà Incolas Villæ & Patriæ circumvicinæ de Dormano Sueſſionenſis Diœceſis, in quibus Nos & Progenitores noſtri originem traximus naturalem, noſtra benevolentiæ munificentiam præferamus, videntes hoc fieri non poſſe commodius, quàm quòd loci & perſonis dictæ Patriæ, modo plus ſolito carentibus ſcientiarum Doctoribus valeat ſubveniri, & artis ſaltem grammaticæ rudimenta Novitiis ejuſdem Villæ & Patriæ præbeantur, qui poſteà in facultatibus aliis ingenia potiora, divinâ favente gratiâ, valeant applicare, ac demum ac divini nominis gloriam per cognitionem litterarum, hauſtumque & doctrinam ſcientiarum aliarum ſibi & aliis, ac dictæ patriæ proficere valeant, & prodeſſe; & ſic dum fideles & providi incolæ prædicti paratam hujuſmodi propitiationis gratiam inſpexerint, glorioſum æſtiment filios ſuos poſſe ad participium tantæ gratitudinis pervenire.

f Item, volentes eaſdem, collationem diſpoſitionem & ordinationem dictarum Burſarum perpetuâ ſtabilitate firmare, &c. Collationem, proviſionem & ordinationem, ac omnimodam diſpoſitionem hujuſmodi Burſarum noſtrarum, privationem & deſtitutionem prædictorum Burſario-

entiérement de nos Bourses, & comme nous avons cru devoir l'ordonner autant de fois que leur vacance lui en fournira d'occasions, sous condition néanmoins que le pouvoir qu'il a par cette Fondation, ne lui fera faire aucune innovation dans nos Statuts, mais qu'il observera fidélement ce que nous avons ordonné, & fera ensorte que ses successeurs l'observent aussi inviolablement.

*Quelques mois après cette premiere Fondation, c'est-à-dire le 31 Janvier 1371. le même Messire Jean de Dormans toujours porté à faire de plus en plus du bien aux enfants de la Ville de Dormans, a encore fondé cinq Bourses dans le College de Dormans-Beauvais, & une place de Serviteur, pour servir toute la Communauté des Boursiers présents & avenir ; § & enfin le 8 Janvier 1372. il a fondé sept autres Bourses dans le même College, ensorte qu'en ladite année 1372. le College de Dormans-Beauvais étoit composé de vingt-quatre Boursiers, trois Maîtres & un Serviteur.

Dans cette derniere Chartre ou Fondation, Messire Jean de Dormans *h* déclare qu'il veut que dans les vingt-quatre Boursiers par lui établis & fondés, il y ait du Monastere de Saint Jean des Vignes, si cela plaît à l'Abbé & au Couvent, un Religieux ou un Chanoine Régulier, Prêtre & du Diocèse de Soissons, (autrement non.) 1°. Pour étudier au Collége de Dormans-Beauvais sous les mêmes regles & statuts que les Boursiers. 2°. Pour dire chaque semaine dans la Chapelle ou Oratoire du College deux Messes à sa dévotion. 3°. Pour corriger suivant son pouvoir les fautes & les mouvements indisciplinés des Boursiers & leur apprendre la conduite que les Ecoliers doivent mener.

Pour rendre la Fondation plus illustre, Messire Jean de Dormans s'étoit proposé de faire construire dans le College de Dormans-Beauvais une Chapelle en l'honneur de S. Jean l'Évangeliste, mais sa mort arrivée le 7 Novembre

---

rum, si casus contingat, suis exigentibus demeritis, relinquimus Abbati dicti Monasterii Sancti Joannis in Vineis.

g Qui quidem Abbas, quicumque fuerit pro tempore de dictis bursis juxta tenorem nostræ præsentis ordinationis plenarie disponere possit & valeat, secundum quod superius statuendum, totiens quotiens per vacationem earumdem fuerit opportunum, absque eo tamen quod idem abbas pro tempore præsentem ordinationem nostram seu contenta in ipsa valeat in futurum aliqualiter immutare, sed eadem tenere & complere teneatur, atque eam faciat & procuret pro posse ab aliis, quorum intererit inviolabiliter observari.

IIeme FONDATION du Cardinal JEAN DE DORMANS.

§ IIIeme FONDATION du Cardinal JEAN DE DORMANS.
Na. En 1372. le College de Dormans-Beauvais étoit composé de vingt-quatre Boursiers, trois Maîtres & un Serviteur.

h Volumusque, declaramus & concedimus per præsentes quod in & de numero dictorum viginti-quatuor Bursariorum unus Religiosus, seu Regularis Canonicus dicti

1372. ne lui ayant pas laissé le tems d'exécuter par lui-même ce pieux dessein, il en laissa le soin aux Exécuteurs de son Testament qu'il fit le 29 Octobre 1372. dont copie se trouve dans les Archives, & par lequel il légua au College quatre mille cinq cent florins francs d'or & un mobilier considérable.

* En conséquence Milon de Dormans, Evêque de Beauvais, Neveu du Cardinal, Fondateur & principal Exécuteur de son Testament, fit procéder à la construction de cette Chapelle, dont le Roi Charles V. posa la premiere pierre.

La Chapelle construite, la Dédicace s'en fit le 29 Avril 1380. & Milon de Dormans qui, suivant les dernieres volontés de son Oncle, desiroit y faire dire & célébrer l'Office Canonial, transporta à cet effet au College deux Fiefs qu'il avoit acquis en la Ville de Beauvais de Jean de Dormans son Frere.

L'Office Canonial commença donc à se faire dans la Chapelle du College, le jour de S. Michel 1382. Quatre Chapelains devoient acquitter l'Office Canonial. Ces quatre Chapelains ne furent point établis tous à la fois, mais successivement. Jean Regnaut, premier Chapelain, a été établi le 29 Septembre 1382. Nicolas Doujou, le 17 Octobre suivant, Oudart Jacquier, le 31 du même mois d'Octobre, & le Sieur Loys, quatrieme Chapelain, le 3 Juillet 1383.

§ Tous ces faits sont consignés tant dans les titres & anciens comptes du College, que dans une copie de l'institution de ces quatre Chapelains, que les Habitants de la Ville de Dormans ont dans leurs Archives.

Il paroît & il est prouvé par cette copie, qui a été compulsée en 1659. par le Sieur Tassin, Huissier des Requêtes du Palais à Paris, sur une copie collationnée

*Ecclesiæ, in Sacris Sacerdotii Ordinibus constitutus de Patris supradicti orsus, seu de Episcopatu Suessionensi, & non alius, si & cum eisdem Abbati & Conventui præsentibus & futuris temporibus placuerit Parisiis pro studendo in Collegio nostro, sub regulis & statutis ejusdem Collegii moraturus admittatur & existat; qui qualibet hebdomadâ quinque, solidos Parisienses percipiet & habebit, & qui in capelli seu oratorio ipsius Collegii nostri bis in hebdomadâ missam secundùm suæ devotionis convenientiam tenebitur celebrare; qui quidem religiosus inter cæteros & singulos statutorum as taculos Collegii per nos editos, quos ipse jurabit solemniter custodire & servare, excessus & motus indisciplinatos puerorum Collegii prædicti, de quibus sibi constiterit, corrigere pro posse, ac mores scholasticos quantum poterit in domino tenebitur edocere.

* CONSTRUCTION de la Chapelle du College de Dormans-Beauvais.
Premiere Pierre posée par Charles V. Roi de France.

§ INSTITUTION de quatre Chapelains par MILLES ou MILON DE DORMANS, Neveu du Cardinal Fondateur.

qui étoit lors de la compulsion, & qui doit encore se trouver dans les Archives du College *i*, qu'il doit y avoir quatre Chapelains pour déservir la Chapelle du College, que ces quatre Chapelains doivent être pris & choisis dans les enfans de la Ville de Dormans, ou de Soissons, ou d'ailleurs, s'il ne s'y en trouve pas qui soient en état de déservir ladite Chapelle.

i Primò in dictâ Capellâ erunt quatuor Capellani assumendi juxta Statuta de Patriâ de Dormano vel Suessionensi, aut alibi si idonei non reperiantur ad usum dictæ Capellæ.

La nomination & collation des Bourses & Bénéfices du College de Dormans-Beauvais ne devant appartenir à l'Abbé de Saint Jean des Vignes qu'après le décès du Fondateur, de Guillaume de Dormans son Frere & de Milon de Dormans son Neveu, Guillaume de Dormans, Evêque de Meaux, depuis Archevêque de Sens, Frere de Milon de Dormans, Evêque de Beauvais, prétendit avoir jurisdiction dans le College ainsi que son Oncle, son Pere & son Frere l'avoient eu. Delà contestation entre lui & l'Abbé de Saint Jean des Vignes, qui fut terminée par une transaction ou grand concordat du 27 Janvier 1388. homologuée au Parlement le 18 Mai 1389. confirmée par Lettres Patentes du 13 Septembre suivant, & par une Bulle de la quatorzieme année du Pontificat de Clément VII.

Il est stipulé dans cette transaction que la présentation de tous les Boursiers, Prêtres, Chapelains & Officiers du College, appartiendra à l'Abbé de Saint Jean des Vignes comme vrai Patron du College, lequel droit il pourroit exercer par lui-même ou par son Procureur-Vicaire; que la collation de tous lesdits Offices appartiendra audit Guillaume de Dormans tant qu'il vivra, & après lui à la Cour de Parlement, qui choisira deux de ses Membres qui seuls exerceront lesdits droits; ainsi que ledit Sieur Abbé s'il n'étoit présent par lui-même, choisira pour Commissaire un des Membres du Parlement qui, quant à l'administration aura le même pouvoir que lui & agira de concert avec les deux autres Commissaires de ladite Cour; que si l'Abbé de Saint Jean des Vignes Présentateur, nomme & présente une personne qui ne soit pas de la

qualité

qualité requise par les Statuts, il pourra présenter de nouveau, & que si la seconde présentation n'est pas plus réguliere que la premiere, Nosseigneurs de Parlement nommeront & présenteront de plein droit; & qu'enfin si ledit Abbé de Saint Jean des Vignes laisse écouler deux mois, à compter du jour de la notification de la vacance d'une Bourse ou d'une Chapelle sans nommer à ladite Bourse ou Chapelle vacante, Nosseigneurs de Parlement pourront encore de plein droit y nommer & présenter pour cette fois seulement.

Par suite de ce Concordat le College de Dormans-Beauvais est demeuré sous la protection du Parlement depuis le décès de Guillaume de Dormans, arrivé le 2 Octobre 1423. de telle sorte que M. le Premier Président & deux Conseillers de la Grand'Chambre ont l'intendance, la direction, le régime & l'administration du College; aussi ont-ils en leur qualité de Commissaires exercé dans tous les tems leur autorité sur icelui & fait différents réglements.

Na. Nosseigneurs de Parlement Collateurs des Bourses & Benefices du College de Dormans-Beauvais, Protecteurs & primitifs Administrateurs d'icelui.

Au desir des Fondateurs, leurs volontés précises & textuelles ont toujours été religieusement exécutées, & s'il est arrivé quelquefois que l'Abbé de Saint Jean des Vignes, Présentateur, ait négligé de s'y conformer, les différents Arrêts & Ordonnances de Nosseigneurs de Parlement qui ont déclaré nulles les présentations faites par les Abbés de Saint Jean des Vignes comme contraires à l'esprit de la Fondation, ont confirmé les droits & privileges des Habitants de Dormans sur les Bourses & Chapelles du College de Dormans-Beauvais.

Pour prévenir même par la suite de pareils abus, Nosseigneurs de Parlement ont rendu, en différents tems, plusieurs Arrêts aussi sages que solemnels.

ARRÊTS & ORDONNANCES de Nosseigneurs de Parlement.

Par le premier en datte du 28 Juin 1554. il a été ordonné qu'à l'avenir aucun ne seroit reçu Boursier ou Chapelain au College de Dormans-Beauvais, s'il n'étoit

B

certifié par le Principal être né ou natif du lieu de Dormans ou lieux circonvoisins ; en ce non compris les Boursiers ou Chapelains, qui ne seront point de la premiere Fondation, avec défenses au Greffier d'expédier aucunes Lettres de provision sans attestation.

Par rapport à la réserve & restriction faite par cet Arrêt, les Habitants de la Ville de Dormans observent, que vers l'an 1414. Guillaume de Dormans, Archevêque de Sens, & Dame Jeanne de Dormans ont fondé chacun un Chapelain, *outre ceux qui étoient déja fondés & institués*, (lesquels deux Chapelains ont depuis été convertis, par Arrêt de la Cour, en Clercs de Chapelle ;) qu'en l'année 1450. Messire Jean Richard, Archidiacre de Soissons, fonda audit College de Dormans-Beauvais, deux petites Bourses, qui devoient être remplies par des Sujets de la Chatellenie d'Arcis ou du Maiguil-la-Comtesse, Diocèse de Troyes ; qu'en l'annee 1501. Messire Jean Nottin fonda audit College *k* deux petites Bourses & une Chapelle, pour être remplies par des Sujets de la Ville de Compiegne, & que ce sont ces Boursiers & Chapelains, dont il est question dans la reserve & restriction faite par l'Arrêt du 28 Juin 1554.

k Les Habitants de Compiegne jouissent toujours des deux Bourses fondées pour leur Ville par JEAN NOTTIN.

Par un autre Arrêt du 21 Janvier 1555. il a été ordonné que les Parents des Fondateurs seroient préférés aux Bourses & à tous les Offices & Dignités du College, & après eux, ceux du lieu de Dormans.

Par un autre Arrêt du 9 Juin 1578. il a été ordonné que dorénavant aucun ne seroit reçu Boursier ou Chapelain, s'il n'étoit certifié par le Principal être né ou natif du lieu de Dormans ou lieux circonvoisins, avec défenses à l'Abbé de Saint Jean des Vignes de Soissons, de présenter èsdites Bourses & Chapelles autres que dudit lieu de Dormans & de la qualité susdite, à peine de nullité.

Par une Ordonnance rendue le 24 Février 1627. par Monsieur de Verdun, premier Président & MM. Des Landes & Fortias, Conseillers au Parlement, sur une Requête présentée par les Habitants de la Ville de Dormans, à Nosseigneurs de Parlement, comme Intendants & Protecteurs du College de Dormans-Beauvais, il est dit que l'Abbé de Saint Jean des Vignes, ou son Grand-Vicaire, présentera aux Bourses & Chapelles ; que ceux qui auront Lettres de présentation, seront tenus de prendre attestation du Principal, qu'ils sont de la Ville de Dormans, des lieux circonvoisins & de la qualité requise par les Statuts ; que ceux de Dormans auront la préférence sur tous autres ès Bourses & Chapelles, & que pour les Charges sera observé l'ordre que le Fondateur a établi, avec défenses au Greffier de la Cour d'expédier aucunes Lettres de provision, s'il n'a vu l'attestation dudit Principal attachée aux Lettres de nomination ou présentation.

Par une autre Ordonnance rendue le 8 Janvier 1635. par Nosseigneurs de Parlement, comme Intendants, Directeurs, Réformateurs & Protecteurs du College, sur une Requête présentée à nosdits Seigneurs par les Habitants de la Ville de Dormans, à l'occasion du refus fait par François de Mory, Sous-Prieur de l'Abbaye de Saint Jean des Vignes & Grand-Vicaire de l'Abbé, de présenter Pierre Deniset, natif de la Ville de Dormans, à la Bourse qu'Antoine Noury venoit de quitter, il a été ordonné que dans la suite les Habitants de la Ville de Dormans auroient un mois pour réquerir les Bourses vacantes, & que néanmoins Lettres de provision, de la Bourse dudit Noury, seroient délivrées au Sieur Deniset par le Greffier de la Cour.

Enfin, par un autre Arrêt du 6 Août 1639. il a été ordonné que vacance advenante d'une des petites Bourses du College de Dormans dit Beauvais, elle sera publiée au Prône de la Messe Paroissiale dudit Dormans, que la collation de Bourfe ne fera délivrée par le Greffier, qu'il n'ait le certificat du Curé ou du Vicaire dudit lieu de Dormans, de la publication de la vacance de ladite Bourfe.

Conformément à ces Arrêts & Ordonnances de Noffeigneurs de Parlement, plufieurs Préfentations faites par les Abbés de Saint Jean des Vignes de Sujets, qui n'étoient point de la Ville de Dormans, tant pour remplir quelqu'une des places des trois Maîtres du College, que pour poffeder quelque Bourfe ou Chapelle, ont été déclarées nulles par différents Arrêts de Noffeigneurs de Parlement, que les Habitants de Dormans font en état de rapporter ; & à la place des Etrangers exclus, des Dormaniftes ont été élûs & inftallés, enforte que les Fondations de Meffire Jean de Dormans & de Milon de Dormans ont été conftamment exécutées.

FAITS
ET CONTRAVENTIONS NOUVELLES

Aux Fondations du College de DORMANS-BEAUVAIS, & aux Arrêts & Ordonnances de Noffeigneurs de Parlement.

M. l'Abbé Solar de Breille, dernier Titulaire de l'Abbaye Royale de Saint Jean des Vignes de Soiffons, dès fon avénement à l'Abbaye, a innové, en préfentant aux Bourfes fondées pour la Ville de Dormans des Sujets natifs d'une autre Ville, fans avoir préalablement fait publier au Prône de la Meffe Paroiffiale de Dormans la vacance des Bourfes.

Cette premiere Innovation a beaucoup peiné les Habitants de la Ville de Dormans, mais ils l'ont été bien d'avantage, lorfqu'après la Tranflation du College de

Dormans-Beauvais en celui de Louis le Grand, & la suppression des trois Maîtres du College de Dormans-Beauvais, par Lettres-Patentes du 7 Avril 1764. ils ont appris que M. l'Abbé Solar avoit formé opposition à l'enregistrement des Lettres-Patentes sus-énoncées, & que sur l'opposition par lui formée, il avoit été fait le 2 Juin 1764. une Transaction, pardevant Notaires, entre ledit Sieur Abbé Solar & MM. les Administrateurs du College de Louis le Grand, par laquelle il a non seulement fait rétablir la Bourse du Religieux de Saint Jean des Vignes suspendue pour l'amélioration des Biens temporels du College par deux Arrêts de Nosseigneurs de Parlement, en datte des 20 Août 1714. & . . . 1720. mais encore a fait monter cette Bourse à la somme de cinq cent livres, & a dispensé le Religieux-Boursier de la résidence au College de Dormans-Beauvais, actuellement transferé dans celui de Louis le Grand, quoique les Statuts de la Fondation & un Arrêt du Parlement du 30 Juin 1644. obligent le Religieux-Boursier à résidence, & fixent sa Bourse à la somme de deux cent livres.

Non content de ce, M. l'Abbé Solar a encore fait rétablir, par cette même transaction, les quatre Chapelles fondées par Milon de Dormans, & suspendues pour vingt-cinq ans par Arrêt du Parlement de l'année 1736. y a nommé, au mépris de la Fondation & des Arrêts & Ordonnances de Nosseigneurs de Parlement, quatre Sujets, l'un de Compiegne, & les trois autres des Diocèses de Paris & de Cleves, les a dispensé de la résidence, & a fixé le revenu de chaque Chapelle jusqu'à la somme de 750 livres *l*.

Plus récemment encore, c'est-à-dire, depuis le décès de M. l'Abbé Solar, le Prieur de l'Abbaye de Saint Jean des Vignes, qui pendant la vacance de l'Abbaye se croit en droit de nommer aux Bourses, vient de présenter quatre Sujets, qui sont de Compiegne, de Chezy-l'Abbaye & de Soissons, sans avoir, non plus que M. l'Abbé Solar, fait publier au Prône de la Messe Paroissiale de Dormans la vacance des quatre Bourses.

LETTRES-Patentes du Roi pour la Translation du College de Dormans-Beauvais en celui de Louis le Grand.

TRANSACTION ou Concordat fait & passé le 2. Juin 1764. entre M. l'Abbé Solar de Breille & MM. les Administrateurs du College de Louis le Grand.

Na. Nosseigneurs de Parlement ont à peu près dans le même tems reduit à vingt les vingt-quatre bourses fondées pour les Enfants de la Ville de Dormans par le Cardinal JEAN DE DORMANS.

l Voir les anciens & nouveaux comptes du College de Dormans-Beauvais.

MOYENS A OPPOSER.

Les Habitants de la Ville de Dormans ne conteſtent point à l'Abbé de Saint Jean des Vignes le droit de préſenter aux Bourſes & Chapelles du College de Dormans-Beauvais, mais ils lui conteſtent la diſpoſition arbitraire de ces mêmes Bourſes & Chapelles.

En conſultant la premiere & la troiſieme Fondation de Meſſire Jean de Dormans, il ſera facile de ſe convaincre *m*, premiérement, que les Abbés de Saint Jean des Vignes n'ont été choiſis & nommés, par le Fondateur, Préſentateurs des Bourſes du College de Dormans-Beauvais, que parce que le Monaſtere de Saint Jean des Vignes étoit ordinairement gouverné par de *pieux Abbés du Diocèſe*, recommandables par leur Religion, & que cette ſeule raiſon avoit déterminé le Fondateur à leur accorder ce droit & cet honneur, par la confiance qu'il avoit en Dieu, qu'ils chériroient d'avantage leurs Condiocéſains.

Secondement *n*, que les Abbés de Saint Jean des Vignes peuvent diſpoſer entiérement des Bourſes, & autant de fois que leur vacance leur en fournira d'occaſions, mais ſous cette condition, porte expreſſément la Fondation, que le pouvoir qu'ils ont ne leur fera faire aucune innovation dans les Statuts, qu'au contraire ils les obſerveront fidèlement, & feront enſorte que leurs Succeſſeurs les obſervent auſſi inviolablement.

Or, quels ſont les principaux Statuts du Fondateur? Ne ſont-ce pas ceux qui concernent la Fondation des Bourſiers & des trois Maîtres? L'Inſtitution des quatre Chapelles par Milon de Dormans, n'en fait-elle pas également partie comme un acceſſoire indiviſible? Point de doute à ce ſujet. Conſéquemment les Abbés de Saint Jean des Vignes ne peuvent nommer & préſenter aux Bourſes & Chapelles du College de Dormans-Beauvais

---

m Præterea verò quia ad Eccleſiam & Monaſteriü beati Joannis in Vineis Sueſſionenſis Diœceſis inter alias affectionem gerimus ſpecialem, tum ibidem ſint & ſemper eſſe conſueverint Abbates de Patriâ prædictâ ſcilicet perſonæ devotionis & religionis commendandæ, & propterea in Domino confidentes quod Patriotas magis debeant proſequi ſincera charitatis affectu, idcirco volumus & ordinamus, quod Abbas qui ibidem pro tempore erit poſt Noſtrum & Fratris noſtri germani, ac Nepotis noſtri ejuſdem Fratris primogeniti obitus, quod Deus felices faciat ac votivos, Burſariorum ac Collegii Noſtri prædictorum viſitatores ordinamus, & fore decernimus perpetuis temporibus Collatores, ad majorem dictæ Eccleſiæ, Abbatumque ac Monaſterii prædictorum reverentiam & honorem.

n Qui quidem Abbas quicunque fuerit pro tempore de dictis

que des Sujets natifs de la Ville de Dormans, puisque la Fondation des Boursiers & l'Institution des Chapelains le portent expressément.

D'ailleurs, les Arrêts & Ordonnances de Nosseigneurs de Parlement des 28 Juin 1554. 21 Janvier 1555. 9 Juin 1578. 24 Février 1627. 8 Janvier 1635. & 6 Août 1639. ci-dessus rapportés, qui font défenses aux Abbés de Saint Jean des Vignes, de présenter aux Bourses & Chapelles autres que ceux du lieu de Dormans, à peine de nullité ; qui ordonnent de la maniere la plus formelle, que les Chapelains & Boursiers seront pris & choisis dans la Ville de Dormans & lieux circonvoisins ; & que la vacance des Bourses & Chapelles sera publiée au Prône de la Messe Paroissiale de Dormans ; doivent toujours être présents à l'esprit des Abbés de Saint Jean des Vignes, & les faire rentrer dans leur devoir, dans le cas ou l'oubli ou l'ignorance de la Fondation les en feroit écarter.

Bursis juxta tenorem Nostræ præsentis ordinationis plenarié disponere possit & valeat, secundum quod superius duximus statuendum, totiens quotiens per vacationem earumdem fuerit opportunum, absque eo tamen quod idem Abbas pro temporepræsentem ordinationem Nostram seu contenta in ipsa valeat in futurum aliqualiter immutare, sed eadem teneri & complere teneatur, atque eam faciat & procuret proposse ab aliis quorum intererit inviolabiliter observari.

Pourquoi donc M. l'Abbé Solar, dernier Titulaire de l'Abbaye de Saint Jean des Vignes, a-t-il méconnu & transgressé les Fondations de Messire Jean de Dormans & de Milon de Dormans, & les Arrêts & Ordonnances de Nosseigneurs de Parlement, au point de nommer & présenter, à plusieurs Bourses fondées pour la Ville de Dormans, des Sujets natifs d'une autre Ville, sans avoir préalablement fait publier au Prône de la Messe Paroissiale de Dormans la vacance des Bourses ?

En l'année 1765. il ne se trouvoit que sept ou huit Boursiers natifs de la Ville de Dormans, de vingt qu'ils doivent être depuis la réduction.

Pourquoi a-t-il nommé aux quatre Chapelles qu'il a fait rétablir par le Concordat du 2 Juin 1764. des Sujets, qui ne sont point de la Ville de Dormans ? Pourquoi a-t-il dispensé ces Chapelains, ainsi nommés, de la résidence au College de Louis le Grand, tandis qu'ils y sont singulierement obligés, & que les anciens Chapelains ne pouvoient pas même s'absenter pour quelques jours du College de Dormans-Beauvais sans la permission des Supérieurs ?

Pourquoi encore M. l'Abbé Solar, en rétablissant la Bourse du Religieux de l'Abbaye de Saint Jean des Vignes, l'a-t'il aussi dispensé de la résidence, & fait monter sa Bourse à la somme de cinq cent livres ? Pouvoit-il ignorer que la Fondation de cette Bourse porte ; premiérement, que le Religieux-Boursier sera du Diocèse de Soissons ; secondement, qu'il étudiera au College de Dormans-Beauvais, sous les mêmes regles & Statuts que les Boursiers ; troisiémement, qu'il dira chaque semaine deux Messes à sa dévotion, dans la Chapelle du College ; quatriémement, qu'outre les autres Statuts du College, qu'il fera serment de suivre, il sera obligé de corriger, selon son pouvoir, les fautes & les mouvements indisciplinés des Boursiers, & de leur apprendre la conduite que les Écoliers doivent mener ? Pouvoit-il se dissimuler l'Arrêt de Nosseigneurs de Parlement du 30 Juin 1644. par lequel l'on voit, 1°. que la Bourse du Religieux de Saint Jean des Vignes n'est portée qu'à deux cent livres ; 2°. qu'il est obligé à résidence ?

Arrêt du Parlement, qui fixe la Bourse du Religieux de St. Jean des Vignes à deux cent livres, & l'oblige à résidence.

Pourquoi enfin le Prieur de l'Abbaye de Saint Jean des Vignes, comme se croyant en droit de nommer aux Bourses du College de Dormans-Beauvais, pendant la vacance de l'Abbaye, vient-il de présenter, à quatre Bourses vacantes & fondées pour la Ville de Dormans, quatre Sujets *o*, qui sont de Compiegne, de Chezy-l'Abbaye & de Soissons, sans avoir, non plus que M. l'Abbé Solar, dernier Titulaire de l'Abbaye de Saint Jean des Vignes, fait publier au Prône de la Messe Paroissiale de Dormans la vacance des quatre Bourses ? Pourroit-on le soupçonner d'ignorer les Statuts d'une Fondation, qui fait le seul Titre en vertu duquel il présente ?

o MM. de Moüi, Cheron, Garnon de Jarsy & le Duc.

Les Habitants de Dormans eussent bien voulu éviter ces reproches aux Abbé & Prieur de Saint Jean des Vignes, mais ils sont trop intéressés à la chose, pour voir de sang froid anéantir & détruire les beaux Privileges accordés à leur Patrie, par le Fondateur du College de Dormans

Dormans-Beauvais, & pour se servir des mêmes expressions du Fondateur *p* : ils sont trop glorieux de voir leurs Enfants participer à un pareil bienfait, & s'apperçoivent trop des avantages qui en résultent, pour rester muets & tranquilles.

Par ces Raisons & Moyens, les Habitants de la Ville de Dormans se croyent bien fondés à requérir que les Fondations des Bourses établies dans le College de Dormans-Beauvais, & l'Institution des Chapelains en icelui, ainsi que les Arrêts & Ordonnances de la Cour de Parlement des 28 Juin 1554. 21 Janvier 1555. 9 Juin 1578. 24 Février 1627. 8 Janvier 1635. & 6 Août 1639. soient exécutés selon leur forme & teneur, en conséquence & en déclarant nulles & de nul effet les présentations faites par M. l'Abbé de Saint Jean des Vignes & par le Prieur actuel de ladite Abbaye, de Sujets qui ne sont point de la Ville & Paroisse de Dormans, tant aux quatre Chapelles rétablies dans le College de Dormans-Beauvais, transféré dans celui de Louis le Grand, qu'aux petites Bourses fondées dans ledit College pour les Enfants de la Ville de Dormans, comme contraires à la Fondation & aux Arrêts & Ordonnances de Nosseigneurs de Parlement ; qu'il soit ordonné que les Chapelains & Boursiers seront pris & choisis dans la Ville de Dormans & lieux circonvoisins ; qu'à cet effet, il ne sera présenté aucun Boursier, ou Chapelain, que la vacance de la Chapelle, ou de la Bourse, n'ait été publiée au Prône de la Messe Paroissiale de Dormans ; & que les Habitants de la Ville de Dormans auront un mois, à compter du jour de ladite publication, pour requérir les Bourses & Chapelles vacantes; que défenses soient faites au Greffier de la Cour de délivrer aucune Collation de Bourse, ou Chapelle, qu'il ne lui ait été certifié de la publication de la vacance d'icelles, & que le Présenté soit de la Ville de Dormans ; & dans le cas où lesdites Chapelles seroient supprimées, qu'il soit ordonné, si Nosseigneurs de Parlement & Messieurs les Administrateurs le jugent à propos, que le

p Et sic dum fideles ac providi Incolæ prædicti paratam hujusmodi propitiationis gratiam inspexerint, gloriosum æstiment Filios suos ad participium tantæ gratitudinis pervenire.

revenu affecté aux quatre Chapelles serve à l'établissement de plusieurs grandes Bourses destinées pour des Etudiants dans l'une des trois Facultés supérieures de l'Université de Paris, & natifs de la Ville de Dormans, sauf à Messieurs les Administrateurs à interposer leur autorité pour faire déclarer nulle, par Nosseigneurs de Parlement, la nomination & présentation faite par M. l'Abbé de Saint Jean des Vignes à la Bourse fondée pour un Religieux de ladite Abbaye, comme étant également contraire à la Fondation du College & à l'Arrêt de la Cour de Parlement du 30 Juin 1644. enfin qu'il soit ordonné que les examens que l'on fera subir aux Enfants des Habitants de la Ville de Dormans, qui seront pourvûs de petites Bourses, pour juger de leur capacité, soient faits dans les Classes, c'est-à-dire, sur des devoirs de composition donnés en même tems à tous les Ecoliers de la Classe dans laquelle les Récipiendaires se présenteront, & qu'ils soient jugés capables de la Classe dans laquelle ils composeront, si leur premier devoir de composition les place en déça du milieu des autres Ecoliers. *Signé*, Dupuis, premier Echevin; Failly, deuxieme Echevin; Clairin, Curé & Conseiller de Ville; Truet, l'aîné, Conseiller de Ville; Dhuicq, Notable; Frazier, Notable; Duval, ancien Echevin & Notable; Devaux, Syndic; Trelon, Principal du College; Clouet, ancien Echevin & Marguillier en Charge; Servenay, ancien Echevin; Robert, ancien Echevin; Rousseau, ancien Echevin; Truet, le jeune, Procureur des Pauvres; Le Doux, ancien Echevin; Le Jeune; Robert; C. Martin; Richelet, Avocat; Aubert, Docteur en Médecine; Musine, & Faguier, Directeur des Postes.

LASNIERS DE BALŒUVRE, Avocat.

A REIMS. De l'Imprimerie de J. B. JEUNEHOMME.

www.ingramcontent.com/pod-product-compliance
Lightning Source LLC
Chambersburg PA
CBHW071431060426
42450CB00009BA/2133